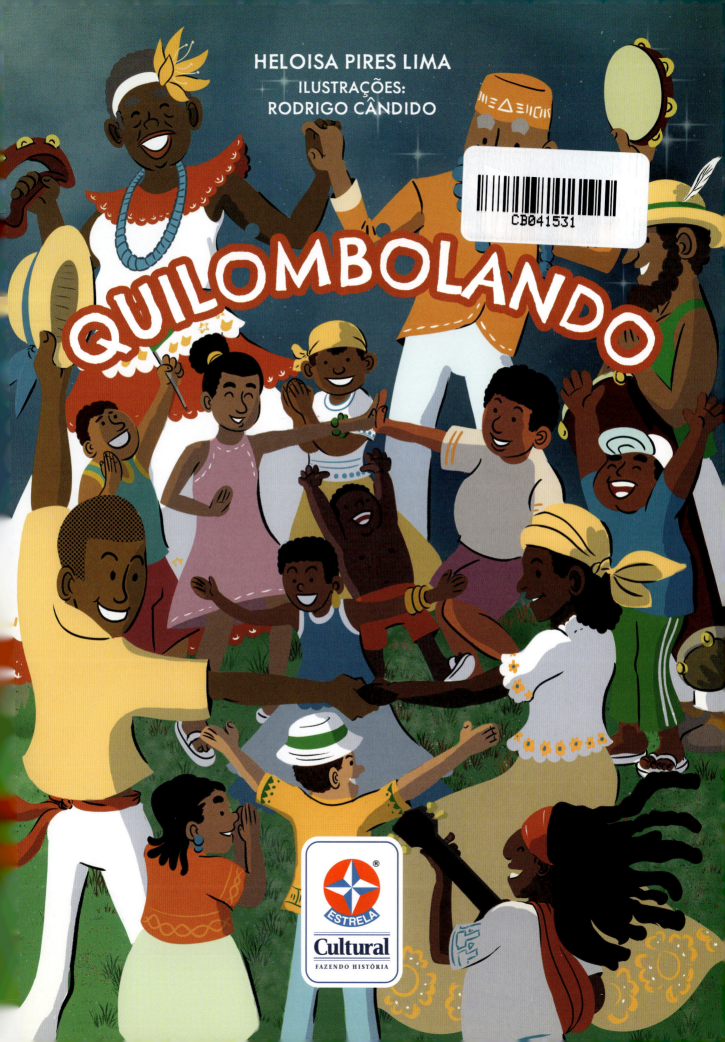

© 2022 – Todos os direitos reservados

GRUPO ESTRELA
Presidente: Carlos Tilkian
Diretor de marketing: Aires Fernandes

EDITORA ESTRELA CULTURAL
Publisher: Beto Junqueyra
Editorial e paratextos: Célia Hirsch
Coordenadora editorial: Ana Luíza Bassanetto
Projeto gráfico: Overleap Studio
Ilustrações: Rodrigo Cândido dos Santos
Revisão de texto: Luiz Gustavo Micheletti Bazana

Dados Internacionais de Catalogação na Publicação (CIP)
(Câmara Brasileira do Livro, SP, Brasil)

Lima, Heloisa Pires
   Quilombolando / Heloisa Pires Lima ; ilustrações Rodrigo Cândido dos Santos. -- Itapira, SP : Estrela Cultural, 2022.

ISBN 978-65-5958-084-2

   1. Literatura infantojuvenil 2. Quilombos - Brasil - Literatura infantojuvenil I. Santos, Rodrigo Cândido dos. II. Título.

22-109272   .   CDD-028.5

Índices para catálogo sistemático:

1. Literatura infantil 028.5
2. Literatura infantojuvenil 028.5

Cibele Maria Dias - Bibliotecária - CRB-8/9427

Proibida a reprodução total ou parcial, de nenhuma forma, por nenhum meio, sem a autorização expressa da editora.

1ª edição – Itapira, SP – 2022 – IMPRESSO NO BRASIL
Todos os direitos da edição reservados à Editora Estrela Cultural Ltda.

Rua Roupen Tilkian, 375
Bairro Barão Ataliba Nogueira
13986-000 – Itapira – SP
CNPJ: 29.341.467/0001-87
estrelacultural.com.br
estrelacultural@estrela.com.br

APRESENTAÇÃO

BATAM PALMAS E DEEM AS MÃOS QUE A CIRANDA JÁ VAI COMEÇAR!

VEM DANÇAR, VEM FESTEJAR NESSA CIRANDA CRIADA PARA ALEGRAR.

QUILOMBOLANDO É UM LIVRO EM RITMO MUSICAL DE CIRANDA, UMA TRADICIONAL BRINCADEIRA DE RODA DA CULTURA POPULAR BRASILEIRA. SEUS VERSOS ESPALHAM A CULTURA E A ALEGRIA DOS QUILOMBOLAS DO VALE DO JEQUITINHONHA, EM MINAS GERAIS, E FORAM ESCRITOS PARA CANTAR, BRINCAR DE RODA E DANÇAR.

E, PARA SE EMBALAR NO RITMO DO QUILOMBOLANDO, OUÇA A CANTIGA PELO QR CODE ABAIXO.

BOA LEITURA E DIVIRTA-SE!

TAMBÉM NENÉM SALTITANTE,
CAVALEIRO DE CHAPÉU ELEGANTE,

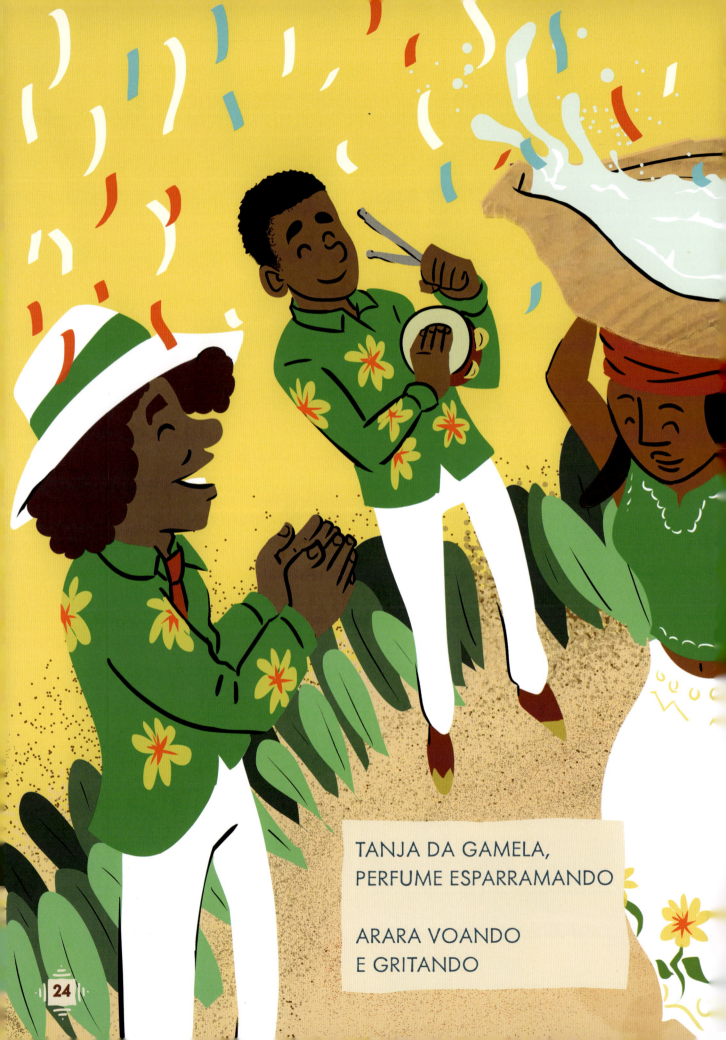

A ESCRITORA

HELOISA PIRES LIMA PULOU DE PORTO ALEGRE, ONDE NASCEU, PARA SÃO PAULO, ONDE CRESCEU. BATEU PÉ PARA SER DOUTORA EM ANTROPOLOGIA PELA USP. AUTORA DE LIVROS PARA A GURIZADA, DESDE 1995, ELA SEMPRE CHAMA A ATENÇÃO PARA AS ORIGENS CONTINENTAIS AFRICANAS QUE ENTRAM NOS LIVROS PARA TODAS AS CRIANÇAS.

O ILUSTRADOR

RODRIGO CÂNDIDO É ILUSTRADOR E QUADRINISTA, ORIGINAL DA CIDADE DE OSASCO. COM OBRAS INSPIRADAS NO IMAGINÁRIO DIASPÓRICO NEGRO, INFLUENCIA-SE TAMBÉM POR CINEMA, MÚSICA E JOGOS ELETRÔNICOS. ILUSTROU OS LIVROS "CAÇADOR CIBERNÉTICO DA RUA 13" E "A CIENTISTA GUERREIRA DO FACÃO FURIOSO" (EDITORA MALÊ), E O QUADRINHO "3 ESUS E O TEMPO" (EDITORA KITEMBO).

Metallophile Sp8 - Medium / Light
Tamanho: 16 pt e 18pt